L 27
η
23886

VIE

DE SAINTE GERMAINE COUSIN

VIERGE ET BERGÈRE.

Venez, épouse de Jésus-Christ ;
recevez la couronne que le
Seigneur vous a préparée dès
l'éternité. OFFICE DE L'ÉGLISE.

J. M. J.

1868.

PRÉFACE

—

Rome vient de donner au monde un de ces incomparables spectacles qu'elle seule peut offrir, et dont le souvenir restera profondément gravé dans le cœur de tous ceux qui ont eu le bonheur d'y assister. A l'appel du saint Pontife qui, depuis vingt et un ans, gouverne l'Église de Jésus-Christ, cinq-cents Évêques, vingt-mille Prêtres, plus de cent mille Fidèles sont accourus de tous les points du Monde pour fêter le dix-huitième anniversaire centenaire du martyre de saint Pierre, tandis que la catholicité toute entière s'unissait, dans

un commun sentiment de foi et d'amour,
à cette imposante manifestation.

La resplendissante fête de cet anniversaire séculaire a été rehaussée par la ca-
nonisation d'un grand nombre de Bienheureux qui conquirent, les uns la palme
du martyre, les autres l'auréole des Con-
fesseurs et des Vierges. Parmi ces élus de
Dieu que notre saint Père le Pape Pie IX,
a inscrits, par un décret solennel, dans le
catalogue des Saints ; la France, qui depuis
plus de cent ans, n'avait pas produit de
Saint canonisé a eu l'insigne honneur de
compter un de ses enfants.

J'étais attendri et fier, dit Mgr d'Orléans,
quand, parmi ces noms de Saints nouveaux que proclamait le Pontife, j'en ai
entendu un, le plus humble et le plus
obscur peut-être, celui d'une pauvre fille

de nos campagnes, GERMAINE COUSIN,
monter vers le Ciel au milieu des chants
les plus beaux qui aient jamais retenti
sous les voûtes resplendissantes du plus
beau temple du monde.

Voilà donc, me disais-je, ce que fait l'É-
glise, et comme elle est bien une Mère!
Elle va chercher dans la foule une pauvre
fille inconnue, qui a vécu et qui est morte
ignorée de toute la terre ; et, parce que
cette pauvre fille a aimé Dieu par dessus
toutes choses et a été élevée par cet amour
à la sainteté, l'Église la prend avec amour
dans ses bras pour la présenter aux hom-
mages de l'univers, et la bergère obtient
une place parmi les Immortels du Marty-
rologe catholique.

Ainsi donc, aux yeux de l'Église et de
Dieu, ce qui compte plus que toute chose,

c'est l'humble et courageuse vertu chrétienne ; et que ceux qui travaillent et souffrent ici-bas, l'apprennent avec joie, il y a une richesse et une gloire qui leur appartiennent et qui peuvent les élever un jour dans les plus hautes splendeurs de la terre et des cieux.

NOTICE HISTORIQUE

SUR

SAINTE GERMAINE COUSIN

VIERGE ET BERGÈRE.

———~~~~———

I.

L'an 1579, le petit village de Pibrac, situé à trois lieues environ de Toulouse, vit naître, dans une pauvre chaumière de laboureurs, une enfant choisie de Dieu dès l'éternité, pour être *la joie d'Israël* et *la gloire de son peuple.*

Fille de Laurent Cousin et de Marie Laroche, Germaine parut, dès les premiers instants, vouée à la souffrance et aux afflictions. Elle apportait en naissant de cruelles infirmités, étant paralysée de

la main droite et atteinte de scrofules. A
peine sortie du berceau, elle devint orpheline ; Dieu lui retira sa tendre et pieuse
mère. Et, comme s'il fallait que toutes les
épreuves à la fois s'accumulassent sur
cette tête si frêle, le père de Germaine ne
tarda pas à se remarier, et il eut des enfants de sa seconde femme. Celle-ci, comme
il arrive trop souvent, au lieu de prendre
en pitié l'orpheline que la Providence lui
confiait, la prit en aversion. — Voilà donc
de quelle sorte Germaine commença la
vie : pauvre, infirme, orpheline, placée
sous le joug d'une marâtre dure et ca-
pricieuse.

Mais, n'en jugeons pas comme le monde ;
ce furent là les premières grâces de Dieu,
qui jeta tout de suite dans le creuset
cette belle âme, pour en retirer le trésor
épuré dont il voulait enrichir la terre et le
ciel. C'est aux misères de sa condition que

Germaine dût l'éclat hâtif de son humilité, de sa patience et de ses autres vertus. Elle aima la souffrance, comme une sœur née avec elle, placée avec elle dans son berceau, sa constante et son unique compagne depuis son premier cri jusqu'à son dernier soupir.

II.

Germaine n'avait pas encore sept ans, lorsque sa marâtre, qui ne pouvait la souffrir à la maison, la mît à la garde d'un troupeau. Elle y resta jusqu'à la fin de ses jours. Dans ce métier où l'on vit trop souvent avec soi-même, ou presque toujours avec les mêmes personnes, la pieuse bergère vivait continuellement avec Dieu. Aussi, loin de perdre son innocence, comme beaucoup d'enfants, ou de rester dans l'ignorance des choses spirituelles, elle trouvait dans la solitude une source de lumières et de bénédictions. Le grand Dieu qui se cache aux savants et aux orgueilleux, mais qui prend plaisir à se révéler aux petits et aux humbles, se faisait entendre au cœur de la petite fille, par les merveilles de la création au milieu desquelles elle vivait, les contemplant des regards intelligents de l'innocence : « Bienheureux les cœurs purs, car ils verront Dieu ! » Ils le verront dans ce livre qu'il a écrit pour eux sur la voûte du ciel, semée d'astres brillants, et sur la surface de la terre, couverte de fleurs et de fruits. Entourée des créatures de Dieu, elle les entendait louer le Seigneur, et tous les mouvements de son âme s'unissaient à leurs cantiques éternels. Désormais donc, le monde n'avait plus rien à enseigner à cette ignorante qui connaissait Dieu, et rien à donner à cette indigente qui aimait Dieu par-dessus toutes choses.

Témoins de sa douceur et de la candeur de son âme, les autres enfants du voisinage, bergères comme elle, ne tardèrent pas à rechercher la société de Germaine ; mais la pieuse fille craignait que leur compagnie bruyante ne vînt troubler son recueillement. Sa compagnie était dans les cieux, et elle ne trouvait de bonheur, comme les Saints, que dans la solitude et la prière. *O beata solitudo ! O sola beatitudo !* « O heureuse solitude ! O seul bonheur ! »

Ses compagnes, jalouses, épièrent plusieurs fois notre petite bergège, pour savoir ce qu'elle faisait dans ces lieux solitaires où elle conduisait de préférence son troupeau. Elles la voyaient prosternée, à deux genoux, devant une croix de bois, tantôt récitant son chapelet, le plus souvent filant sa quenouille, au milieu de ses brebis, qui paîssaient tranquillement sous la garde d'un petit chien ; car, il fallait bien qu'en rentrant, elle montrât à sa marâtre sa tâche du matin entièrement terminée. Si elle parlait quelquefois aux jeunes filles de son âge, c'était pour les exhorter doucement à se souvenir de Dieu.

III.

Ainsi marchait Germaine dans la route du ciel, supportant avec joie toutes les peines que Dieu lui envoyait, et ne lui demandant pas d'en diminuer le nombre, ni d'en alléger le poids. Elle aimait sa pauvreté et ses infirmités comme des moyens de salut. Exposée aux rigueurs des saisons, vêtue de quelques misérables haillons qui couvraient à peine des plaies dégoûtantes, n'ayant pour toute nourriture que des croûtes d'un pain sec et noir, qu'une marâtre haineuse et cruelle lui

jetait chaque matin avec parcimonie, con-
trainte parfois de se nourrir de racines et
de fruits sauvages qu'elle rencontrait dans
les bois, notre Sainte ne songeait qu'à bénir et à remercier le bon Dieu de l'avoir
jugée digne de souffrir pour Lui. Lorsqu'il
lui eût donné des témoignages éclatants
de sa complaisance, en suspendant pour
elle, pauvre petite, les lois ordinaires de
la nature, elle n'eût garde de le prier de la
guérir. Il lui sembla meilleur, quand Dieu
l'aimait, de rester le rebut du monde, et
de garder ce fardeau de misère double-
ment précieux pour elle, puisqu'il la dé-
tachait d'elle-même et que Dieu l'aidait à
le porter.

Telle est la sagesse des Saints bien dif-
férente en ses lumières des vaines concep-
tions des prétendus sages de ce monde.
Ceux-ci luttant sans cesse contre la volonté
divine, et voyant leur bonheur partout où

Dieu ne les a pas appelés, deviennent souvent plus coupables, en se rendant plus malheureux.

IV.

La pieuse bergère ne supportait pas avec moins de constance et de résignation les peines bien autremeut sensibles qui atteignaient son cœur. Il n'y avait rien pour elle dans le cœur de son père, qui aurait dû, par ses caresses, lui faire oublier les duretés de sa marâtre. On ne lui faisait pas sa place au foyer. Il n'était pas permis à Germaine d'approcher des autres enfants de la famille, ses frères et sœurs qu'elle aimait tendrement, toujours prête à les servir, sans témoiguer aucune jalousie des préférences dont ils étaient l'objet et elle la victime. L'implacable marâtre réduisait la jeune infirme à aller prendre son repos dans l'étable de ses brebis, sur un peu de paille, après l'avoir accablée de reproches et souvent de coups. Battue sans pitié, Germaine ne poussait aucune plainte. Elle recevait ces outrages avec une inaltérable mansuétude, comme une salutaire expiation de ses péchés. Et cependant elle était innocente. Elle aimait sa pauvreté, ses infirmités, ses souffrances, parce qu'elles détachaient son cœur de la terre et le portaient au ciel, unique objet de ses espérances. On poussait la cruauté jusqu'à lui refuser des linges pour panser ses plaies.

Cette douce enfant de la Croix passait ses nuits dans sa bergerie, abandonnée des hommes; mais les anges de Dieu veillaient près d'elle. Une tradition a conservé, à Pibrac, un grâcieux souvenir de l'enfance de Germaine. Une nuit d'hiver, des villageois, passant par hasard près de l'étable où reposait la pauvre bergère, s'arrêtèrent, surpris d'entendre un concert de voix harmonieuses. Ils s'approchèrent, et, regardant à travers les fentes d'une porte, ils aperçurent une jeune fille à genoux au milieu de ses brebis; ses deux mains étaient élevées vers le ciel; une auréole de lumière environnait sa tête. Ces hommes, effrayés d'un tel prodige, prirent la fuite; et, toute leur vie, ils conservèrent dans leur cœur le souvenir de ce qu'ils avaient vu et entendu.

V.

Tant de conformités avec Jésus-Christ souffrant, pauvre et persécuté, entretenaient dans le cœur de Germaine un ardent amour pour la personne adorable de notre divin Sauveur. Sa plus grande joie était d'aller, le plus souvent possible, se prosterner au pied des saints autels,

rédisant sans cesse ce cri de son cœur :
*Jésus, mon Dieu, je vous aime par-dessus
toutes choses.*

Malgré tous les obstacles qu'y mettaient
sa faiblesse et ses incommodités, elle
assistait tous les jours au saint sacrifice
de la Messe. Les obligations même de sa
profession ne l'en dispensaient pas. Pleine
de confiance, elle laissait son troupeau
dans la campagne et courait se réfugier
aux pieds du divin Pasteur.

Sans doute une telle conduite eût été
blâmable en beaucoup d'autres ; et ceux-là
même ont une dévotion mal entendue,
qui, pour la satisfaire, négligent les devoirs de leur état. Mais, de la part de
Germaine, ce n'était qu'une obéissance à
la volonté divine. Elle savait qu'aucun
accident n'arriverait à son troupeau et
que le bon Dieu le garderait en son
absence.

Même, lorsque ses moutons paissaient sur la lisière de la forêt de Boucone, abondante en loups, Germaine plantait en terre sa quenouille, et courait à l'appel de Celui qui a dit : « *Ne craignez pas, petit troupeau, je serai avec vous.* » A son retour, elle retrouvait ses moutons où elle les avait laissés, tranquilles et en sécurité comme au bercail. Jamais les loups ne lui en enlevèrent aucun, et jamais ce troupeau, gardé par la bergère absente, ne s'écarta des limites qu'elle lui avait marquées, et ne causa le moindre dommage dans les champs voisins.

Et comme Dieu s'était plu à bénir les troupeaux de Laban, sous la conduite de son serviteur Jacob, de même il bénissait celui que conduisait sa servante Germaine. Dans tout le village, il n'y en avait pas de plus nombreux, ni de plus beau.

VI.

Germaine ne se contentait pas d'assister chaque jour à la messe et d'en goûter l'ineffable mystère. Elle recourait assidûment au sacrement de Pénitence et d'Eucharistie. Persuadée de la nécessité de ces deux secours pour quiconque veut suivre avec constance et fermeté la voie de la justice, elle s'en approchait souvent.

La ferveur de Germaine à la sainte communion offrait un spectacle si touchant, que tous ceux qui la voyaient en étaient ravis, et que l'impression n'en pût être effacée par une longue suite d'années. Qui dira ce qu'éprouvait cette sainte fille au sortir de la table sainte? O Dieu des pauvres, ô Dieu des vierges, ô Dieu des humbles et des malheureux! la bienheureuse enfant à qui vous vous donniez

vous emportait en silence et ne s'entrete-
nait avec vous que de son bonheur.

Fortifiée par cette nourriture céleste,
Germaine retournait à son travail, rési-
gnée en présence de toutes les injustices,
calme dans toutes les souffrances, plus
heureuse que ne le fût jamais mortel ici-
bas. — Que les riches possèdent leurs ri-
chesses, et les rois leurs royaumes; sa
richesse, à elle, et son royaume, c'était
vous seul, ô Jésus! — Que ne viennent-
ils donc à Vous, tous les infortunés de
cette terre ! leurs larmes seraient bientôt
taries et changées en d'ineffables dou-
ceurs !

Après Jésus-Christ, Marie, sa sainte
Mère, occupait le premier rang dans le
cœur de Germaine. Dès son bas âge, elle
avait donné des preuves de cette tendre
et solide piété envers la très-sainte Vierge,
qui, selon la doctrine des saints Pères, est

une marque de prédestination. Son chapelet, qu'elle récitait souvent, était son
seul livre. Il suffisait à cette âme éclairée
d'en haut. Quand elle entendait la cloche
donner le signal de l'*Angelus*, la sainte
enfant tombait à genoux aussitôt pour sa-
luer la Reine du ciel. Telle était sa fidé-
lité à cette pratique de piété, qu'on la vit
souvent s'agenouiller au milieu de la boue,
sans que ses vêtements en aient jamais
été salis.

VII.

Une des œuvres qu'inspirait à Germaine l'amour de Jésus et de Marie était
de réunir autour d'elle, quand elle le pouvait, les petits enfants du village, les plus
pauvres et les plus ignorants. Elle s'ap-
pliquait à leur faire réciter leurs prières
et à leur enseigner les principaux mys-

tères de la religion ; elle leur faisait aussi chanter quelques pieux cantiques, et déposait dans ces jeunes âmes les premières semences de la crainte de Dieu et de son saint amour. Spectacle digne de l'admiration des Anges et cher aux regards de Dieu que cette petite école de campagne ! école, où une pieuse fille, qui peut-être ne savait pas lire, donnait aux enfants du village et leur faisait comprendre des leçons qu'un docteur de l'Église n'aurait pas dédaignées.

Qu'il est précieux pour un pasteur des âmes de savoir, qu'en plusieurs lieux de sa paroisse, de saintes filles ou de vénérables vieillards apprennent aux pauvres enfants du voisinage à connaître, à aimer et à servir le bon Dieu ! Que ces cœurs charitables et dévoués retiennent cette parole de la sainte Écriture pour leur consolation : « *Ceux qui enseignent la justice à plusieurs brilleront comme des étoiles dans l'éternité* (Dan. XII, 3). »

VIII.

Le monde est partout le même ; il éprouve partout quelque aversion secrète contre la piété. Elle lui impose l'estime, il s'en venge par la raillerie. L'humble Germaine dut éprouver cette nouvelle persécution. On se riait surtout de sa simplicité, et on ne la désignait plus que par le titre injurieux et ironique de *Bigote*, et ce nom provoquait contre elle la pitié des gens de bien et les sarcasmes des méchants. La douce vierge songeait alors aux humiliations du Fils de Dieu, et remerciant le Seigneur du bonheur qu'elle avait de souffrir un peu pour lui, elle puisait dans ces petites persécutions une nouvelle ardeur pour l'accomplissement de ses devoirs.

Mais si Dieu permet pour la perfection de ses saints que leur vertu soit tournée en ridicule dans le monde, il sait, quand il le veut, la rendre aux yeux du monde même plus glorieuse encore qu'elle n'a paru petite et misérable. De même qu'il gardait les moutons de Germaine quand elle les laissait dans les champs pour aller à la messe, il lui plut, à ce bon Maître, de manifester, par d'éclatants miracles, combien cette pauvre fille dont on se moquait, cette infirme et cette bigote, était agréable à ses yeux.

IX.

Pour se rendre à l'église de Pibrac, Germaine était obligée de traverser un petit torrent qu'elle passait à gué sans difficulté dans les temps ordinaires, mais que parfois les pluies d'orage enflaient et rendaient infranchissable. Or, un jour, comme elle se dirigeait vers l'église, suivant sa coutume, des paysans qui la virent de loin s'arrêtèrent à quelque distance, se demandant entre eux d'un air railleur comment elle passerait; car la nuit avait été pluvieuse, et le torrent, extrêmement gonflé, roulait avec fracas ses eaux qui auraient opposé une barrière infranchissable à l'homme le plus vigoureux. Germaine arrive sans songer à l'obstacle, peut-être sans le voir, et approche comme s'il n'existait pas. O merveille de la puissance et de la bonté divines! les eaux s'arrêtent devant la sainte bergère, comme autrefois devant les enfants d'Israël, et elle passe sans mouiller seulement le bord de sa robe. A la vue de ce prodige, que Dieu renouvela dans la suite très-souvent, les paysans étonnés commen-

mencèrent à respecter la pauvre fille dont
ils avaient coutume de se moquer.

X.

Après avoir glorifié, à diverses reprises,
la foi de sa servante, Dieu voulut glorifier
aussi sa charité envers les pauvres. Germaine aimait tendrement les malheureux.
Très-pauvre elle-même, elle se privait du
nécessaire pour soulager les membres
souffrants de Jésus-Christ. Pendant une
semaine entière, on la vit donner chaque
matin à un vieillard infirme, les croûtes
de pain noir destinées à sa subsistance,
se contentant pour elle-même de quelques
racines sauvages qu'elle trouvait dans les
champs. Quand elle n'avait plus rien à
donner, elle trouvait encore dans son
cœur des paroles de tendre compassion
pour les malheureux ; en versant le baume

de sa charité sur leurs peines, elle leur apprenait le secret de sanctifier leurs souffrances.

Elle accomplissait ainsi tout entier cet immense et sublime enseignement du christianisme, qui consiste en deux mots, mais deux mots où sont renfermées toute la vie et toute la doctrine du Sauveur Jésus : *Souffrir, compatir* : la souffrance pour elle, la compassion pour autrui.

Sa charité envers les pauvres fut pour Germaine, une occasion continuelle de rudes épreuves. Sa marâtre ayant appris qu'elle faisait chaque jour l'aumône, accusa notre Sainte de voler le pain de la maison. C'est pourquoi, se laissant aller à son emportement, étouffant de colère, elle courut un matin dans les champs, armée d'un bâton pour surprendre la bergère et la châtier sévèrement. Voyant cette femme hors d'elle-même, quelques habitants du

village devinèrent son projet, et la suivirent
en doublant le pas, dans le dessein de pro-
téger Germaine contre le mauvais traite-
ment dont elle était menacée. Ayant rejoint
la marâtre, ils apprirent d'elle le sujet de sa
colère, et ils arrivèrent ensemble auprès de
la bergère. Aussitôt la marâtre arrache avec
rage le tablier que la pauvre fille tenait
serré sur ses côtés et qui contenait réelle-
ment quelques croûtes de pain destinées à
ses pauvres. Mais, ô merveille ! au lieu de
pain, il ne tomba du tablier que des roses
nouées en guirlandes, mais si belles qu'on
n'en n'avait jamais vu de pareilles dans le
pays, et si fraîches qu'on en eût vainement
trouvé d'autres ailleurs ; on était alors au
plus fort de l'hiver. Ainsi Dieu, renouvela
en faveur de cette pauvre bergère le miracle qu'il avait opéré en faveur de sainte
Élisabeth de Hongrie, duchesse de Thu-
ringe, dans une circonstance à peu près

semblable. Saisis d'admiration, les témoins de ce miracle allèrent aussitôt dans Pibrac publier ce qu'ils venaient de voir. Depuis cette époque on ne regarda plus Germaine que comme une sainte. Son père, concevant des sentiments plus tendres pour sa vertueuse fille, défendit à sa femme de la maltraiter désormais, et voulut lui donner place dans sa maison avec ses autres enfants; mais l'humble bergère, accoutumée à la souffrance et amoureuse de privations et de sacrifices, le supplia de la laisser habiter l'étable de ses brebis où elle était confinée depuis dix-neuf ans.

XI.

Le Sauveur Jésus ne voulut pas que sa pauvre servante attendît longtemps l'accomplissement de ses divines promesses. La mort de Germaine suivit de près le miracle des fleurs. Dieu l'ayant sanctifiée par l'humiliation et par les souffrances, la retira de ce monde, lorsque les hommes devenus plus équitables, commençaient de rendre à sa vertu les honneurs qu'elle méritait.

Dans les premiers jours du mois d'avril 1601, elle eut un songe qu'elle raconta naïvement au curé de Pibrac, son confesseur. — Son ange gardien lui était apparu, pendant son sommeil et lui avait adressé ces paroles : « Germaine, tes épreuves s'achèvent, ton exil va finir. Sous peu de temps je reviendrai prendre ton âme pour la conduire au Ciel. » Avertie de sa fin prochaine, Germaine se prépara avec joie à la mort qui arriva dans les premiers jours de juin 1601.

Le matin, Laurent Cousin, n'ayant pas vu sa fille sortir de l'étable pour aller, comme de coutume, conduire son troupeau aux champs, alla l'appeler; n'ayant point reçu de réponse, il entra et trouva sa fille étendue sur de la paille, et tenant entre ses mains jointes son crucifix et son chapelet. Elle avait cessé de vivre. Elle était âgée de vingt-deux ans.

XII.

Lorsque Germaine mourait sans témoins sur le grabat où tant de fois sa patience avait réjoui les regards des anges, Dieu se plut à manifester par un nouveau prodige combien cette mort était précieuse à ses yeux.

Deux religieux allant vers Pibrac, surpris par l'obscurité, avaient été obligés de s'arrêter dans la forêt voisine et d'y attendre le jour. Au milieu de la nuit, tout à coup, les bois furent illuminés d'une clarté éblouissante, et une troupe de vierges vêtues de robes aussi éclatantes que le soleil, parurent aux regards des deux voyageurs, se dirigeant vers une cabane couverte de chaume. Bientôt après elles repassèrent, mais il y en avait une de plus, et celle-ci, à qui les autres faisaient cortége, portait une couronne de fleurs nouvelles.

Les religieux pensèrent qu'une âme sainte avait quitté la terre. Le lendemain, étant arrivés à Pibrac, ils y apprirent que Germaine venait de mourir.

Le peuple accourut en foule à ses funérailles, il voulait honorer celle qu'il avait trop longtemps méprisée, trop tard connue. Ce fut le premier hommage de la vénération publique rendu à la pieuse bergère.

Germaine fut enterrée dans l'église, suivant l'usage de cette époque, en face de la chaire. Toutefois, sa place n'eut rien qui la distinguât des autres et ne fut marquée par aucune inscription.

XIII.

Le souvenir des bons exemples et des vertus de Germaine n'avait pas péri parmi les habitants de Pibrac; mais rien n'était venu le raviver d'une manière extraordinaire, et ceux qui avaient connu la pieuse fille disparaissaient peu à peu.

On avait même oublié la place où elle reposait, lorsqu'enfin il plût à Dieu de manifester hautement la gloire de son humble servante par d'éclatants miracles.

En l'année 1644, quarante-trois ans après la mort de Germaine, le fossoyeur, en creusant une fosse dans l'église, avait à peine levé la première pierre, qu'un corps enseveli, se montra. Aux cris que poussa cet homme, effrayé de trouver ainsi un cadavre, quelques personnes qui se trouvaient dans l'église accoururent. Elles virent, et elles ont attesté que le corps était à fleur de terre, et que l'endroit du visage qui avait été touché par la pioche offrait l'aspect de la chair vive.

Le bruit de cet étrange événement s'étant aussitôt répandu, les habitants du village vinrent en foule à l'église pour voir par eux-mêmes ce qu'on leur avait annoncé. Alors, et en présence de tout le peuple, ce corps, qui n'avait pu que par miracle être ainsi élevé presqu'à la surface du sol, fut découvert tout-à-fait. On le trouva entier et préservé de la corruption. Les mains tenaient un petit cierge ; la tête était couronnée d'une guirlande d'œillets et d'épis de seigle aussi frais que s'ils venaient d'être cueillis ; le suaire était également conservé. A l'une des mains on remarquait une difformité, et le cou portait des cicatrices scrofuleuses.

Tous les anciens de la paroisse publièrent que c'était bien là le corps de Germaine Cousin, la sainte bergère qu'ils avaient eux-mêmes connue et dont ils avaient vu les funérailles.

Dès lors la miraculeuse apparition et la miraculeuse conservation de ce corps n'étonnèrent plus personne. On le plaça debout dans une châsse vitrée près de la chaire de l'église, et il y fut laissé dans la même situation, exposé à la vue de tout le monde, jusqu'à ce qu'un nouveau miracle donnât lieu de le placer plus décemment.

XIV.

Vers l'an 1645, dame Marie de Clément Gras, épouse de noble François de Beauregard, éprouvant quelque sentiment de répulsion pour ce corps qui était placé près du banc qu'elle occupait à l'église, avait ordonné qu'on l'éloignât. La nuit suivante, cette dame fut affectée d'un ulcère au sein, et son enfant unique, qu'elle nourrissait, devint malade, et tomba bientôt à la dernière extrémité. Les médecins les plus célèbres qu'elle fit appeler, ne purent donner aucun soulagement à ses grandes souffrances. Son mari alors lui rappela le mépris qu'elle avait témoigné pour le corps de Germaine, et lui dit que peut-être Dieu s'en était offensé. A ces mots, la dame de Beauregard, rentrant en elle-même, se mit à genoux, demanda pardon et se recommanda à la pauvre bergère.

Sa prière fut aussitôt exaucée. Durant la nuit suivante, la malade vit, au milieu d'une éblouissante clarté, la bienheureuse Germaine, qui l'assura de sa guérison et de celle de son enfant. Dès le lendemain, la dame de Beauregard se rendit à l'église pour remercier la sainte de sa guérison et de celle de son enfant. En témoignage de sa reconnaissance, elle offrit une châsse en plomb pour recevoir le corps saint. Le curé et les plus notables habitants y renfermèrent eux-mêmes le dépôt sacré, qui fut porté à la sacristie.

XV.

La foule des fidèles commença dès lors à se rassembler autour de ce tombeau, changé en autel, et à présenter ses demandes à l'humble bergère, devenue célèbre dans tout le pays. D'année en année, de nouveaux et nombreux prodiges, opérés par son intercession, montrèrent visiblement que Dieu voulait glorifier aux yeux des hommes celle dont la condition avait été si basse, l'humilité si profonde, la vie si pauvre et si cachée.

Ce serait ici le lieu de rapporter les miracles éclatants qui, depuis deux siècles et demi, ne cessent de célébrer la gloire de sainte Germaine. L'invocation de son nom, une prière sur son tombeau, l'attouchement de ses reliques ont opéré, en tout temps, sur des personnes de tout âge et de toute condition des guérisons innombrables. Mais, le récit de ces merveilles, quelqu'édifiant qu'il soit, n'entre point dans le plan que nous nous sommes proposé, en commençant cette notice.

Enfin, après bien des retards, occasionnés par les événements politiques et encore plus par la sage et prudente sévérité que l'Église met dans des décisions si importantes à la gloire de la religion catholique, les vertus héroïques et les miracles de la bergère de Pibrac ayant été constatés, toutes les preuves et les formalités étant accomplies, le 24 juin 1853, le Souverain Pontife Pie IX proclama Germaine Cousin *Bienheureuse*.

Un grand concours de chrétiens continua de se rendre en pèlerinage à Pibrac, au tombeau de la Bienheureuse ; et de nouveaux miracles, attribués à sa puissante intercession , ayant été juridiquement prouvés et reconnus par l'Église, notre saint Père le Pape a inscrit, le 29 juin 1867, par un décret solennel, dans le *Catalogue des Saints*, la bienheureuse Germaine Cousin, vierge, bergère de Pibrac, au diocèse de Toulouse, en France.

La statue et une parcelle des reliques de l'angélique Bergère après avoir été exposées dans l'église cathédrale de Saint-Brieuc pendant les huit jours qui suivirent le 29 juin, sur un trône magnifiquement orné, au milieu d'un concours immense de fidèles, ont été déposées dans la chapelle des Ecoles chrétiennes de cette même ville.

Nul lieu ne convenait mieux, nous semble-t-il, pour recevoir ce dépôt sacré, que ce modeste sanctuaire, où les enfants du peuple viennent chaque jour apprendre à connaître, aimer et à servir le Dieu qui s'est fait petit, pauvre et souffrant pour l'amour de nous.

C'est devant ces précieuses reliques, toujours puissantes à opérer des prodiges, que tous ceux qui souffrent ici-bas, — et qui ne souffre pas sur la terre ! — pourront venir désormais, en toute confiance, invoquer Sainte Germaine, leur Patronne et Protectrice.

————

N'oublions pas la belle prière qui était sans cesse sur les lèvres de la sainte Bergère, et à laquelle le Souverain Pontife Pie IX a attaché une Indulgence de cinquante jours chaque fois qu'on la récite (7 mai 1854) :

Jésus, mon Dieu, je vous aime par-dessus toutes choses.

28 *octobre* 1867.

Vu et approuvé :

† AUGUSTIN,
Évêque de Saint-Brieuc et Tréguier.

LITANIES

De sainte Germaine.

—

Seigneur, ayez pitié de nous.

Jésus-Christ, ayez pitié de nous.

Seigneur, ayez pitié de nous.

Jésus-Christ, écoutez-nous.

Jésus-Christ, exaucez-nous.

Père céleste, qui êtes Dieu, ayez pitié de nous.

Fils Rédempteur du monde, qui êtes Dieu, ayez pitié de nous.

Esprit-Saint, qui êtes Dieu, ayez pitié de nous.

Trinité Sainte, qui êtes un seul Dieu, priez pour nous.

Sainte Marie, mère de Dieu, protectrice des orphelins, priez pour nous.

Saint Joseph, patron des pauvres, priez pour nous.

Sainte Germaine, indigente et infirme dès le berceau, priez pour nous.

Sainte Germaine, orpheline délaissée, priez pour nous.

Sainte Germaine, dont la vie ne fut que douleur et misère, priez pour nous.

Sainte Germaine, qui n'eûtes d'autre science que celle des saints, priez p. n.

Sainte Germaine, dont la vie fut cachée en Dieu avec Jésus-Christ, priez pour n.

Sainte Germaine, modèle de douceur et d'humilité, priez pour nous.

Sainte Germaine, modèle de mortification et de pureté, priez pour nous.

Sainte Germaine, modèle de patience et de charité, priez pour nous.

Sainte Germaine, si obéissante et si laborieuse, priez pour nous.

Sainte Germaine, si zélée pour apprendre le catéchisme aux enfants, priez p. n.

Sainte Germaine, qui partagiez vôtre pain avec les pauvres, priez pour nous.

Sainte Germaine, dont Dieu changea l'aumône en un suave bouquet de roses, priez pour nous.

Sainte Germaine pour qui Notre-Seigneur Jésus-Christ divisa les eaux du torrent, priez pour nous.

Sainte Germaine, dont le cœur fut constamment uni à Dieu par la prière, pr. n.

Sainte Germaine, qui répandiez partout la bonne odeur de Jésus-Christ, pr. n.

Sainte Germaine, qui preniez vos délices aux pieds de la Croix, priez pour nous.

Sainte Germaine, sanctifiée par la pratique des simples devoirs de votre état, priez pour nous.

Sainte Germaine, qui souffrîtes et mourûtes abandonnée des hommes, pr. n.

Sainte Germaine, qui eûtes Jésus, Marie et les Anges, pour seuls témoins de vos derniers moments, priez pour nous.

Sainte Germaine, dont la mort ne fut qu'un doux sommeil, priez pour nous.

Sainte Germaine, qui montâtes au ciel dans un cortége de vierges, priez p. n.

Sainte Germaine, dont le corps fut préservé de la corruption du tombeau, priez pour nous.

Sainte Germaine, dont Dieu manifesta la sainteté par de nombreux et éclatants miracles, priez pour nous.

Sainte Germaine, dont les saintes Reliques opèrent encore des prodiges, priez p. n.

Sainte Germaine, dont la mémoire est en bénédiction, priez pour nous.

Sainte Germaine, protectrice des orphelins et des pauvres, priez pour nous.

Sainte Germaine, secours des malades et des infirmes, priez pour nous.

Sainte Germaine, espoir et consolation des malheureux, priez pour nous.

Sainte Germaine, l'une des grandes patronnes de la France, priez pour nous.

Agneau de Dieu, qui effacez les péchés du monde, pardonnez-nous, Seigneur.

Agneau de Dieu, qui effacez les péchés du monde, écoutez-nous, Seigneur.

Agneau de Dieu, qui effacez les péchés du monde, ayez pitié de nous, Seigneur.

℣. Sainte Germaine, priez pour nous.

℟. Afin que, comme vous, nous soyons dignes des promesses de Jésus-Christ.

PRIÈRE A SAINTE GERMAINE.

Souvenez-vous, ô très-pieuse Bergère, qu'on n'a jamais ouï dire que les affligés et les pauvres malades qui ont recours à vous, implorent votre secours et réclament votre assistance, aient jamais été délaissés. Animé d'une vive confiance en votre intercession, ô sainte Germaine, vierge chérie de Dieu ! je viens en gémissant me jeter à vos pieds. Du haut du ciel, où Dieu récompense vos vertus, abaissez vos regards compatissants sur les maux qui nous accablent, priez pour l'Église, pour la France et pour nous.

Obtenez pour moi et pour ceux qui me sont chers cette douce résignation qui, au milieu des épreuves, vous rendit si agréable aux yeux du Seigneur et vous a mérité la couronne immortelle. Ainsi soit-il.

Nous accordons 40 jours d'Indulgences à ceux qui réciteront avec foi les Litanies de sainte Germaine Cousin.

L'Évêque de Saint-Brieuc et Tréguier,

☩ AUGUSTIN.

28 *octobre* 1867.

Se vend au profit de l'OEuvre de la Propagation de la Foi :

LA VIE DE SAINTE GERMAINE COUSIN

Prix : 10 centimes. — 8 fr. le cent.

S'adresser à M. l'abbé HAMET, *à Saint-Brieuc.*

———

Le Mans. — Imp. Beauvais.

9 782013 244091